改訂版

NEW
マーク・記号の大百科

1

ことばや文化、スポーツ

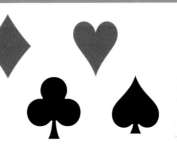

(´･ω･`)

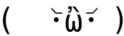

もくじ ⟶

©PIXTA

この本を読むみなさんへ

太田幸夫

　私たちの身の回りには、たくさんのマーク・記号があります。家にある電気製品、学校で使う文房具やコンピュータ、図書館にある本、駅にある案内表示、街にある自動販売機や道路標識など、さまざまなマーク・記号が思いうかぶでしょう。

　マーク・記号は、「色や形で意味を表すしるし」です。そして、それを目にした人に、何らかの意味を伝えるという役割を持っています。人に何かを伝えることを、コミュニケーションといいます。コミュニケーションの道具として、まず思いうかぶのは、ことばや文字かもしれません。ことばや文字も広い意味では、マーク・記号にふくまれますが、ことばや文字だけでは、伝えたいことがじゅうぶんに伝わらないこともあります。ことばの通じない外国人や文字の読めない小さい子とコミュニケーションをとることを想像すればわかるでしょう。そんなときに、見ただけで意味をイメージできる、ことばや文字以外のマーク・記号が大きな役割をはたします。

　このシリーズ、『改訂版　NEWマーク・記号の大百科』では、身の回りにあるマーク・記号を取り上げ、その意味や成り立ち、役割などを説明しています。この本を読むことで、マーク・記号についての知識を深めるとともに、マーク・記号が持つ大きな可能性に気づいてもらえればと思っています。

　現代は、国際化が進み、さまざまな国の人たちとの交流がさかんです。また、地球環境を守ることにも関心が高まっています。いっぽうで、大地震や津波などの災害も心配されています。じつは、マーク・記号は、こうしたこととも深い関わりを持っています。まさに現代は、マーク・記号がなくてはならない時代だといえるでしょう。このシリーズの「NEW」には、たんに「新しい」という意味だけでなく、「時代が求めることに対応している」という意味がこめられているのです。

このシリーズの使い方

　『改訂版　NEWマーク・記号の大百科』では、巻ごとにテーマを決め、そのテーマに関するマーク・記号を取り上げています。マーク・記号の意味や成り立ち、役割を説明するとともに、使われている製品などの写真をのせています。身の回りのマークや記号について調べる際の参考にしてください。どのページにどんなマーク・記号がのっているかを調べるときは、もくじやさくいんをひいてみましょう。

注意

●マーク・記号は、法律で定められているもの、JIS（日本産業規格）やISO（国際標準化機構）の規格があるもの、業界の団体や企業が独自につくっているものなどがあります。ここでは、できるだけ、マーク・記号の制定者・団体が定めたものを紹介しています。

●マーク・記号の名前は、原則として正式名称にしています。

●印刷用インクの関係で、指定されている色と少しちがう色になっているマーク・記号があります。

●色の決まりのないものは、独自につけている場合があります。

●JISの規格があるマーク・記号は、そのことがわかるように表示しています。

※本書は、『NEWマーク・記号の大百科』（2016年刊）を改訂したものです。
※特に断りのない場合は、2020年1月現在の情報に基づいています。

「マーク・記号」ってなに?

　これから、さまざまな「マーク」や「記号」を見ていきます。まず、「マーク」や「記号」とはどのようなもので、どんな特長があるのかを考えてみましょう。

色や形で意味を表す

　「マーク・記号」というのは、「色や形で意味を表すしるし」をさします。ことばや文字も「マーク・記号」にふくまれます。「マーク」は「しるし」にあたるものです。

　「マーク・記号」の中には、ことばや文字ではない表し方で、決まった意味を伝えるものがあります。これを「図記号（グラフィック・シンボル）」といいます。

　図記号はことばを聞いたり文字を読んだりするのではなく、見るだけで意味が伝わります。たとえば、右の表示は、「洗面所」という文字が読めなくても、その上の図記号によって、トイレだとわかり、男子用と女子用の区別もわかります。

　信号機にも、図記号が使われています。緑の地に歩いている人の絵があるほうが「進め」、赤の地に立っている人の絵があるほうが「止まれ」であることがイメージできるのです。

　これらは絵をもとにしていますが、音楽で使う音符のように、絵をもとにしない形で意味を伝える図記号もあります。

↑トイレを表す図記号。
©PIXTA

→歩行者用の信号機にかかれている図記号。
©PIXTA

JIS Z8210 JA-3-1

↑「非常口」の場所を表す「絵文字」。走ってにげようとする人の絵をもとにしている。

図記号の代表は「絵文字」

　図記号の中で代表的なものが、形と意味が直接結びついている「絵文字」(ピクトグラム)です。上のトイレのマークや信号機は、絵文字です。絵文字は、人類がまだ文字を持っていなかったころに、動物の絵などをえがいてものを伝えたことから始まりました。ものの姿を絵にして意味を伝えたのです。今でも、身の回りでは、多くの絵文字が使われています。

　図記号には、このほかに、多くの意味をイメージでまとめる「シンボルマーク」、絵や図形的な記号で、文章にあたる情報を伝える「絵ことば」などがあります。

4

©PIXTA

「絵文字」の特長

「絵文字」の特長のひとつとして、見た瞬間に意味がわかることがあげられます。左の写真にある「絵文字」は、どれも街でよく見かけるものですが、それらの意味を、見た瞬間に理解することができるでしょう。

←絵文字が使われている案内板。

「絵文字」は、意味を伝える相手に、親しみや楽しさを感じさせることも特長のひとつです。右の道路標識は、「動物に注意」を意味していますが、キツネの絵がかいてあることで、自動車の運転手に、「動物に気をつけましょうね」とやさしく呼びかける気持ちが伝わります。

➡「動物に注意」の標識。運転手に、急に動物が飛び出してくる危険があることを示す。

©PIXTA

もうひとつ、「絵文字」には、年齢やことばのちがいをこえて、意味を伝えることができるという特長があります。文字の読めない子どもでも、外国の人でも、「絵文字」を見れば、意味を理解することができるのです。

←左のような表示では、漢字の読めない子どもや外国人には伝わらない。右のように、絵文字で表されていると、だれにでもわかりやすくなる。

世界中の人に伝えられる絵文字を目指して

この本の監修者の太田幸夫先生は、「ロコス」という絵文字をつくっています。「ロコス」は形でことばを表し、組み合わせることで文をつくることができます。

世界中の人が、ことばはわからなくてもコミュニケーションできる絵文字です。

ロコスの例 ⋯⋯⋯⋯⋯⋯⋯⋯⋯

私

行く

店

←ロコスを組み合わせることで、「私は店に行きます」という文をつくることができる。

楽しみ

いかり

苦しみ

がまん

5

ことばのマークや記号

　「＋」が足し算、「－」が引き算のように、表すものが約束で決まっているものを記号といいます。
　ことばも記号のひとつで、表すものが約束で決まっています。その代表が音声や文字です。文字はものごとを伝えたり、記録したりするために使われてきました。また、コミュニケーションを豊かにするために、メールやソーシャル・ネットワーキング・サービス（SNS）では絵文字や顔文字が使われています。

漢字・ひらがな・かたかななど

日本語の本は、漢字、ひらがな、かたかな、ラテン文字（ローマ字）、数字と、何種類もの文字を使って書かれている。

パソコンのマーク

操作の仕方がひと目でわかるように、たくさんのマークが使われている。

---

① 日本の気候の特色

教科書の要点

● 日本の気候の特色
- ☑ ほとんどの地域が温帯に属する。
- ☑ 南北に長いため、北と南では、気温に大きな差がある。
- ☑ つゆ（梅雨）、台風などのえいきょうで、降水量が多い。

● 季節風のえいきょう
- ☑ 夏は南東の季節風、冬は北西の季節風がふく。

● 日本の気候区分
- ☑ 北海道の気候、太平洋側の気候、日本海側の気候、などに分かれる。

1. 日本の気候の特色

①北海道が冷帯に属するほか、大部分の地域が温帯に属し、四季がはっきりしている。
　→冬の寒さがきびしい
②日本列島は南北に長いため、同じ季節でも北と南では、気温に大きな差がある。
③季節風（モンスーン）のえいきょうを受け、夏は太平洋側で降水量が多く、冬は日本海側で降水量が多い。
④つゆ（梅雨）や台風のえいきょうで、降水量が多い。

季節風とは？
　季節によってふく方向が変わる風。日本では、夏は南東の風となって、太平洋からユーラシア大陸へふき、冬は北西の風となって、ユーラシア大陸から太平洋へ向かってふく。そのえいきょうで、太平洋側では夏に降水量が多く、日本海側では冬に降水量が多くなる。

【用語】つゆ（梅雨）
　6月から7月ごろにかけて、雨が降り続く現象。大切な水資源をもたらすが、末期には集中豪雨がおこり、水害にみまわれる地域もある。北海道でははっきりした梅雨はみられない。

【用語】台風
　夏から秋にかけて東アジアをおそう熱帯低気圧のうち、最大風速が毎秒17.2m以上のもの。とくに、沖縄県をはじめとする九州地方に大きな被害をもたらす。

▲台風のおもな進路

メールで使うマーク

文字だけでは伝わりにくい書き手の気持ちがマークによって伝わりやすくなる。

Cc：

件名： クラス会のお知らせ

みなさんお元気ですか(^O^)／
外崎みな子です(^^ゞ

20歳を迎えた記念に
6年2組のクラス会を開きます！
＼(^o^)／　＼(^o^)／　＼(^o^)／

しかし残念なことにあの木村くんは
現在アメリカにいるので欠席となります(´・ω・｀)

悲しんでいる人も多いでしょうが、

絵文字から生まれた漢字

漢字は中国で生まれた文字です。大昔の中国ではものの形を絵にした絵文字が使われていました。その後、少しずつ形が変わり、現在使っているような漢字がつくられました。このようにものの形をもとにしてできた漢字を、象形文字といいます。しかし、象形文字で表せる漢字は限りがあるので、漢字と漢字を組み合わせるなどして、新しい漢字も考えられました。

↑古代中国で、動物の骨に書かれた文字。絵のような文字が見られる。　　PPS通信社

象形文字

ものの形をえがいた絵からできた漢字です。書きやすいように少しずつ形が変わり、現在私たちが使っているような漢字になりました。

空から雨のしずくが落ちてくるようす。

三日月をえがいた形。

みねが3つある山のすがた。

人の目の形を、回転させて縦にして表す。

ものが燃えているときのほのおの形を表す。

月のような満ち欠けがない太陽の形を表す。

指事文字

数や位置、ものの部分の名のように、絵では表しにくいものを、線や点で表した文字が、指事文字です。数を表す「一」「二」、位置を表す「上」「下」、ほかには「本」「末」なども指事文字です。

長い線の上に短い線を引いて「上」であることを示す。後に縦線になり、今の形になった。

木の根の太い部分に印をつけて、「本」であることを示す。

会意文字

2つの文字を組み合わせることで、別のひとつの意味を表した漢字を、会意文字といいます。たとえば、「木」を2つ組み合わせて、「林」という意味を表すようなものです。ほかに、「鳴」「明」などがあります。

「木」を2つ組み合わせて、木の多い「林」という意味を表す。

「鳥」が「口」を使ってすること（鳴くこと）を表す。

形声文字

意味を表す文字と、音を表す文字を組み合わせてつくった漢字です。「銅」の左側の「金」は金属に関係があるという意味で、右側の「同」が音を表しています。漢字の中で最も多いのが形声文字です。

意味を表す「金」と、音を表す「同」が組み合わさっている。

意味を表す「木」と、音を表す「交」が組み合わさっている。

漢字をくずしてできたひらがな

漢字は中国でつくられ、日本へと伝わり、日本でもことばを書き表すため使われるようになりました。しかし、もともとのことばがちがうので、不便なこともありました。そこで、日本語を書き表すため漢字をもとにして文字がつくられるようになりました。漢字のくずし字からできたひらがなは、そのひとつです。

平安時代の女性の間で、ひらがなが使われるようになった。

もとの文字　ひらがな

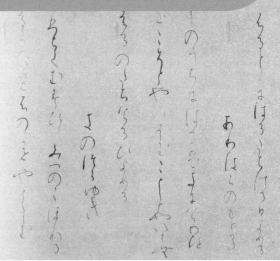

「高野切古今集(第一種)伝 紀貫之筆」(部分) 五島美術館
↑平安時代の『古今和歌集』には、ひらがなが使われている。

安	あ	あ	以	い	い	宇	う	う	衣	え	え	於	お	お
加	か	か	幾	き	き	久	く	く	計	け	け	己	こ	こ
左	さ	さ	之	し	し	寸	す	す	世	せ	せ	曽	そ	そ
太	た	た	知	ち	ち	川	つ	つ	天	て	て	止	と	と
奈	な	な	仁	に	に	奴	ぬ	ぬ	祢	ね	ね	乃	の	の
波	は	は	比	ひ	ひ	不	ふ	ふ	部	へ	へ	保	ほ	ほ
末	ま	ま	美	み	み	武	む	む	女	め	め	毛	も	も
也	や	や				由	ゆ	ゆ				与	よ	よ
良	ら	ら	利	り	り	留	る	る	礼	れ	れ	呂	ろ	ろ
和	わ	わ				遠	を	を				无	ん	ん

※由来には諸説あり、代表例をしょうかいしています。

万葉がな

ひらがなができる前は、漢字の読み方だけを借りて、日本語の音を表しました。8世紀につくられた『万葉集』で多く使われていることから、万葉がなと呼ばれます。漢字の意味とは関係なく、読み方だけを日本語に当てはめた表音文字です。

安豆左由美
→
読み　あづさゆみ

意味　かりや神事に使った、アズサの木でつくった弓。

漢字の一部を使ったかたかな

かたかなもひらがなと同じように、日本語を書き表すために考えられました。かたかなは、漢字のへんやつくりなど一部分をとってつくられました。漢字だけで書かれた文章を日本語で読むときに、漢字のわきにそえた文字からできたのがかたかなだと考えられています。

女 → メ

↑喫茶店のショーケース。外来語がかたかなで書かれている。

©PIXTA

もとの文字		かたかな													
阿	阿	ア	伊	伊	イ	宇	宇	ウ	江	江	エ	於	於	オ
加	加	カ	幾	幾	キ	久	久	ク	介	介	ケ	己	己	コ
散	散	サ	之	之	シ	須	須	ス	世	世	セ	曽	曽	ソ
多	多	タ	千	千	チ	川	川	ツ	天	天	テ	止	止	ト
奈	奈	ナ	二	二	ニ	奴	奴	ヌ	祢	祢	ネ	乃	乃	ノ
八	八	ハ	比	比	ヒ	不	不	フ	部	部	ヘ	保	保	ホ
末	末	マ	三	三	ミ	牟	牟	ム	女	女	メ	毛	毛	モ
也	也	ヤ				由	由	ユ				与	与	ヨ
良	良	ラ	利	利	リ	流	流	ル	礼	礼	レ	呂	呂	ロ
和	和	ワ				乎	乎	ヲ				（記号）	◡	ン

※由来には諸説あり、代表例をしょうかいしています。

表意文字と表音文字

漢字のように、ひとつひとつが意味を表す文字を表意文字といいます。音だけを表し、意味を表さない文字を表音文字といいます。ひらがなやかたかな、ラテン文字（ローマ字）は、表音文字です。

表意文字

山海島

表音文字

あいうえお

ABCDEFG

ラテン文字(ローマ字)

ラテン文字（ローマ字）は、ヨーロッパやアメリカなど世界の国ぐにで広く使われています。AからZまで26文字あり、それぞれの文字が音を表す表音文字です。現在は、英語、ドイツ語、フランス語、スペイン語など数かずの国のことばで用いられています。日本では、ローマ字として使われています。

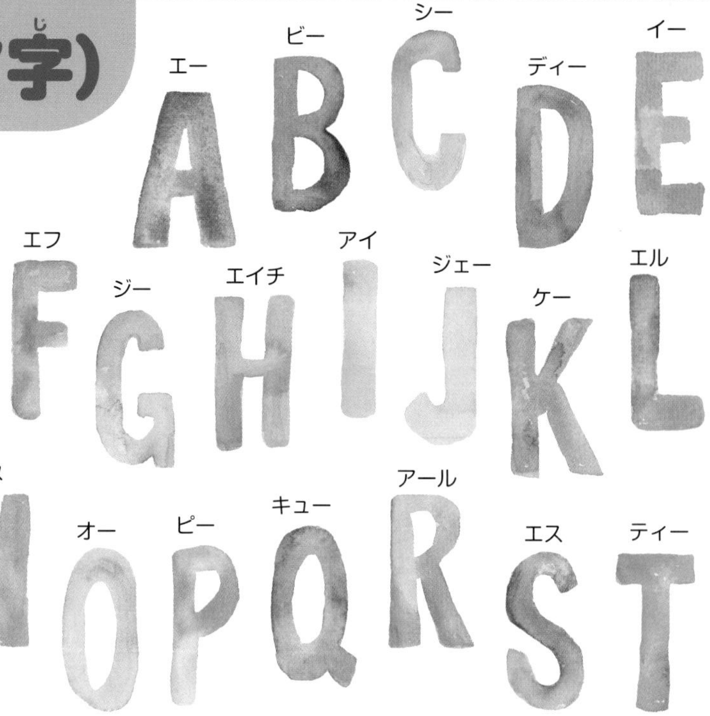

大文字

英語では、文の最初や人名や地名の最初などで使われます。小文字ができる前は、大文字のみが使われました。

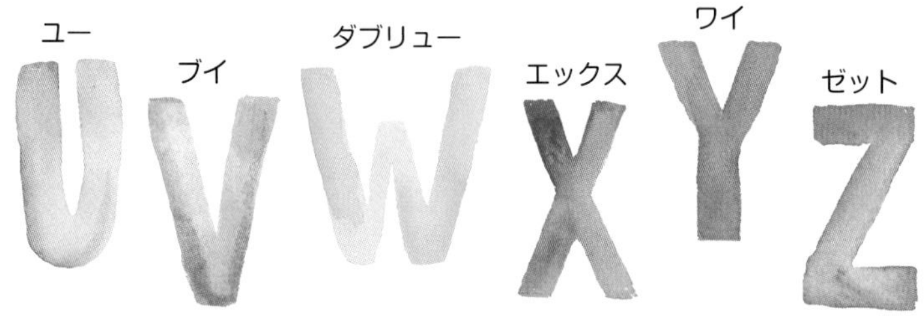

エー ビー シー ディー イー
A B C D E

エフ ジー エイチ アイ ジェー ケー エル
F G H I J K L

エム エヌ オー ピー キュー アール エス ティー
M N O P Q R S T

ユー ブイ ダブリュー エックス ワイ ゼット
U V W X Y Z

小文字

大文字を書きやすくするためにつくられた文字です。大文字を使うと決められているとき以外は、小文字を使います。

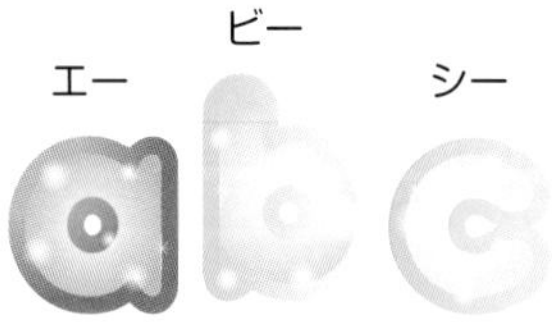

エー ビー シー
a b c

ディー イー エフ ジー エイチ アイ ジェー ケー
d e f g h i j k

エル エム エヌ オー ピー キュー アール
l m n o p q r

エス ティー ユー ブイ ダブリュー エックス ワイ ゼット
s t u v w x y z

大文字と小文字

ラテン文字（ローマ字）には、同じ読み方をする文字でも、大文字と小文字の2種類の書き方があります。もともとラテン文字の大文字はいろいろなものの形からできたといわれています。さらに、大文字からそれぞれの小文字が考え出されました。

アルファベットとは？

ラテン文字やギリシャ文字、キリル文字（→11ページ）などヨーロッパのことばを書くときに使う文字を順番に並べたものをアルファベットといいます。ギリシャ文字のA（α）とB（β）から、アルファベットと呼ばれます。

世界の文字

世界では多くの言語が使われ、その言語を書き表す文字はそれぞれ決まっています。日本語のひらがななどのように、ほかの言語を表す文字がもとになったものもあります。また、ラテン文字のように左から右に横書きする文字、縦書きする文字などその書き方はさまざまです。

©PIXTA

ハングル

©PIXTA

朝鮮語を表記するための文字。15世紀につくられました。母音を表す部分と、子音を表す部分を組み合わせてひとつの音を表します。

ギリシャ文字

r.nagy/Shutterstock.com

古代ギリシャでつくられた文字。現在のギリシャ語は24文字あります。「π」など、物理や数学の分野などで記号としても使われます。

キリル文字

Tupungato/Shutterstock.com

ロシア語などを表記するための文字で、33文字あります。現在のロシア語で使われている文字は、9世紀につくられたキリル文字がもとになっています。

アラビア文字

中東で使われているアラビア語や、ペルシャ語などを表記するための文字。右から左に横書きし、ひとつの語を続けて書きます。

ヘブライ文字

Ilia Torlin/Shutterstock.com

ヘブライ語などを表記するための文字で、表音文字。22文字あり、右から左に横書きします。

タイ文字

©PIXTA

タイ語を表記するための文字。13世紀にクメール文字をもとにしてつくられました。ほとんどの文字に小さな丸がついています。

絵文字から文字へ

漢字と同じように、動物やものの形からできた文字としてよく知られているのは、ヒエログリフです。ヒエログリフは約5000年前に古代エジプトで生まれ、神殿やピラミッドなどに書かれました。1822年に、フランスの研究者シャンポリオンがロゼッタストーンを解読したことで、読めるようになりました。

©PIXTA
↑古代エジプトで使われていた絵文字。

手旗で文字を表す手旗信号

手旗信号は、声が届かないような遠くにいる人と連絡を取るために使われている信号です。旗を持った両手を動かし、両手の動きや角度で文字を表します。かたかなの場合は、ほとんどが文字の形になっています。

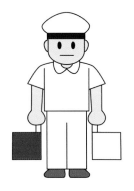

◆基本姿勢

右手に赤旗、左手に白旗を持って行う。両手を下ろした姿勢が基本姿勢。かたかなの手旗信号は相手側から見て文字の形になっているものが多いが、「ネ」(漢字の「子」の形)のような例外もある。

海上自衛隊や海上保安庁など、船上で通信を行う人たちによって使われることが多い。

海上自衛隊

五十音

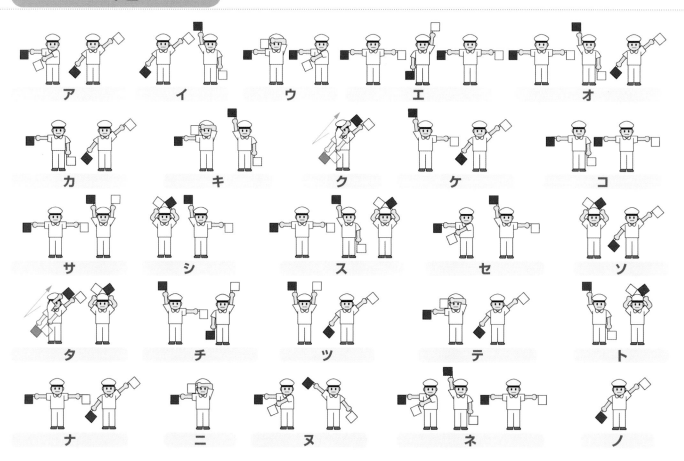

ア	イ	ウ	エ	オ
カ	キ	ク	ケ	コ
サ	シ	ス	セ	ソ
タ	チ	ツ	テ	ト
ナ	ニ	ヌ	ネ	ノ

※各国の海軍などで使われている信号です。

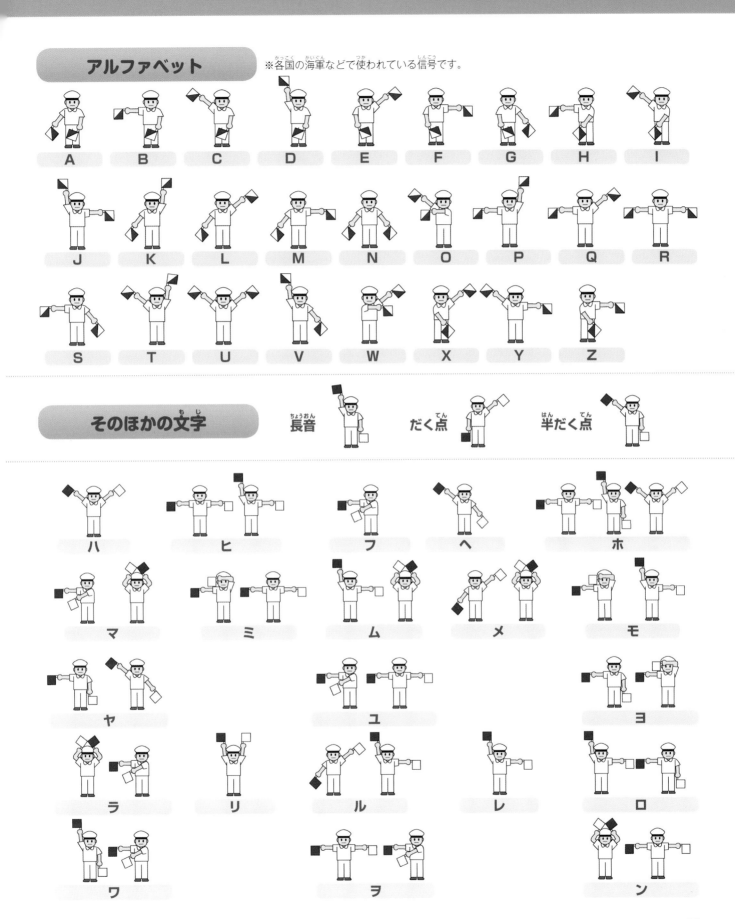

そのほかの文字

長音　だく点　半だく点

ハ	ヒ	フ	ヘ	ホ
マ	ミ	ム	メ	モ
ヤ	ユ	ヨ
ラ	リ	ル	レ	ロ
ワ	ヲ	ン

パソコンの表示や操作などのマーク

パソコンには、使い方や機能がわかりやすいように、いろいろなマークや記号が使われています。画面に現れるマークは、コンピュータを動かすOS（オペレーティングシステム）やアプリケーションソフトごとに、使いやすく工夫されています。また、一定の性能を持つことを示すマークもあります。

パソコン画面のマーク

パソコン画面のマークは、パソコンの機能やアプリケーション、ファイルの種類が小さな絵で表現されていて、ぱっと見ただけで内容がわかるようになっています。

ウィンドウズの例

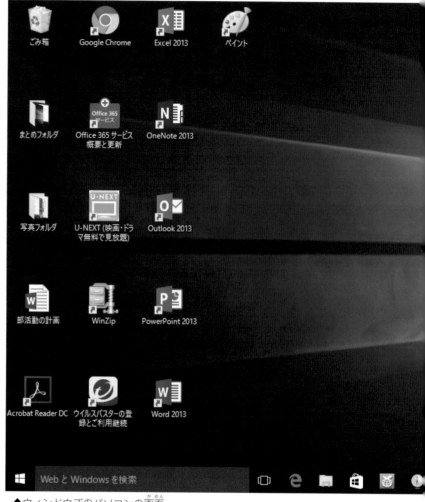

↑ウィンドウズのパソコンの画面。

マッキントッシュ（Mac）の例

キーボードのマーク

キーボードの表示は、基本的にウィンドウズもマッキントッシュも共通です。

ファンクションキー いろいろな機能を行う。

テンキー 数字を入力する。

スペースキー 文字の変換や空白を入力する。

オルトキー ほかのキーと組み合わせて使う。

エンターキー 文字変換の確定や改行を行う。

シフトキー ほかのキーと組み合わせて使う。

マウスポインタのマーク

ウィンドウズの例

- ヘルプの選択
- 代替選択
- 通常の選択
- テキスト選択
- バックグラウンドで作業中
- 利用不可
- リンクの選択
- 移動
- 左右に拡大／縮小
- ななめに拡大／縮小
- 手書き
- 待ち状態

マッキントッシュの例

- 通常の選択
- テキスト選択
- リンクの選択
- 書類を移動
- コピー
- ショートカット

性能などを表すマーク

操作に関してだけではなく、パソコンや周辺機器の性能を示すマークもあります。技術の基準を満たしていることが、ひと目でわかり、安心して使うことができます。

CEマーク
ヨーロッパの国ぐにでつくるEU（欧州連合）の基準を満たしていることを示す。ヨーロッパの低電圧でも使える。

欧州委員会

ULマーク
安全性に関する試験・認証を行うアメリカの企業（UL LLC）が定めた基準を満たしていることを示すマーク。

UL Japan

CSAマーク
安全性に関する試験・認証を行うカナダの試験機関が定めた基準を満たしていることを示すマーク。

CSAグループジャパン

VCCIマーク
電子・電気機器の妨害波に関する国際的な技術基準に適合していることを示す自主規制マーク。

一般財団法人VCCI協会

国際エネルギースターロゴ
資源エネルギー庁による省エネ制度「国際エネルギースタープログラム」の基準を満たすことを示すロゴ。

ENERGY STAR
国際エネルギースタープログラム

プライバシーマーク
個人情報の取りあつかいについて、適切な保護管理措置をしている企業や団体であることを示すマーク。

10123456(01) 一般財団法人
日本情報経済社会推進協会

スマートフォンや携帯電話のマーク

スマートフォンや携帯電話ではいろいろなマークや記号が使われています。電子メールを入力するとき、SNS（ソーシャル・ネットワーキング・サービス）に投稿するときなど、スマートフォンや携帯電話に登録されたいろいろな絵文字を使っている人がたくさんいます。文字だけではさみしいときに、はなやかにしてくれるほか、うれしい、悲しいなどの感情を伝えられます。

↑絵文字を使った電子メール。

さまざまな絵文字

わーい（うれしい顔）	プレゼント	ねこ
指でOK	ダッシュ	晴れ　台風

小雨	三日月	砂時計	おうし座	おとめ座	波	クローバー	芽	バナナ
りんご	目	耳	化粧	かたつむり	ペンギン	魚	ブタ	おこった顔
ふらふら	目がハート	冷やあせ	ウッシッシ	ぷっくっくな顔	げっそり	ウインク	銀行	ホテル
コンビニ	富士山	王冠	ドルぶくろ	有料	カメラ	チャペル	トイレ	車いす

16

スタンプで楽しくコミュニケーション

「LINE」をはじめ、メッセージをやり取りできるアプリケーションで、さまざまな気持ちを伝えるために、スタンプというイラストが使われます。楽しい気持ちや悲しい気持ちなどに合うスタンプを文章にそえることで、相手に自分の気持ちをより正確に伝えることができます。

文章は書かずスタンプだけのやり取りで会話をすることもあります。

©LINE Corporation

リボン	クリスマス	電話

 スマホ　 メール　 ペン　 パソコン　 メモ　 野球

 サッカー　 スキー　 スノボ　 車(RV)　 バス　 駐車場　 いい気分(温泉)　 るんるん　 ムード

 テレビ　 CD　 ファストフード　 おにぎり　 ショートケーキ　 レストラン　 喫茶店　 ゲーム　 湯のみ

© NTT DOCOMO, Inc.

 グッド(上向き矢印)　 バッド(下向き矢印)　 ラブレター

 失恋　 ゆれるハート　 無料　 危険・警告

 マル秘　 合格マーク　 かわいい　 ひらめき

 むかっ(いかり)　 ばくだん　 あせあせ(飛び散るあせ)　 パンチ

便利な二次元コード

雑誌などに印刷されている二次元コードを、携帯電話やスマートフォンのカメラで撮影するだけで情報が読み取れます。アドレスを入力しなくても、目当ての情報を提供するサイトが表示されるなど、便利な使い方ができます。

右の写真は、航空券と搭乗券のはたらきをする二次元コード。搭乗口でこのコードをかざすだけで飛行機に乗ることができます。

17

メールを楽しくする顔文字

電子メールでは、文字や記号を使って表情をつくる顔文字がよく使われます。携帯電話やスマートフォンから送ったメールをパソコンで見たときや、ちがう機種の間でメールをやり取りしたときなど、絵文字が正しく表示されないことがありますが、顔文字なら問題なく表示されます。工夫すればだれでもつくれるので、オリジナルの顔文字をつくる楽しさもあります。

➡顔文字を使った電子メール。

Cc：

件名： クラス会のお知らせ

≡▼

みなさんお元気ですか(^O^)／
外崎みな子です(^^ゞ

20歳を迎えた記念に
6年2組のクラス会を開きます！
\(^o^)／　\(^o^)／　\(^o^)／

しかし残念なことにあの木村くんは
現在アメリカにいるので欠席となります(´・ω・｀)

悲しんでいる人も多いでしょうが、
当日はタイムカプセルを開封します☆ミ☆ミ☆ミ
みなさんの出席をお待ちしています♪
(●˘○˘●)　(●˘○˘●)　(●˘○˘●)

さまざまな顔文字

顔文字を使うことで、気持ちの微妙なニュアンスが伝えられ、メールを楽しい雰囲気にできます。

(-_-;)　　　_(._.)_　　　(^O^)　　　(^_^)v

あせ　　　　　　　ごめん　　　　　　　わーい　　　　　　ぴーす

あくび	\(˜o˜)/	うれしい	(*´▽`*)	くま	(・(ｪ)・)
あせ	(;´∀`)	うわーん	ヽ(｀Д´#)ノ	けいれい	(｀・ω・´)ゞ
あせ	(・_・;)	えー	(´°д°｀)I-	けっ	(｀д´)ｹｯ!
あせ	♪〜(￣ε￣;)	えーん	(T д T)	げっそり	(ヽ´ω`)
あひゃ	(^ρ^)	えーん	.゜(゜´Д`゜)゜.	ごぼごぼ	.｡o○
いえい	(≧∇≦)/	えっと	(゜_゜>)	ごめんなさい	_(_^_)_
いかり	(#・∀・)	おーい	(゜o゜)	ごめんなさい	m(__)m
いかり	(#゜Д゜)	おーい	(^O^)/	さかな	>゜)))彡
いたい	(>_<)	おちゃ	(^^) _U~~	しーっ	シ──ッ!! d(゜ε゜;)
ういんく	(^_-)-☆	おわた	\(^o^)/	じとー	(ー_ー)
うーん	(゜レ゜)	がっくり	_¦￣¦○	しゃきーん	(・｀д・´)
うーん	(゜_゜)	ぎく	(;・∀・)	しょぼーん	(´・ω・｀)
うーん	(。・_・。)	きたー	ｷﾀ─(゜∀゜)─!	じろ	(-_-;)
うおっ	Σ(゜Д゜)	きゃっ	(*´艸`*)	じろ	(;ー_ー)
うまー	(゜Д゜)ｳﾏ-	きりっ	(-｀д-´)ｷﾘｯ	じろ	(→_→)ｼﾞﾛ!
うるうる	(;_;)	くちぶえ	♪〜<(゜ε゜)>	だっしゅ	ε≡≡ヘ(´Д`)ノ

ちっ	(・Д・)ﾁｯ	ねむい	(=_=)	ぶわっ	(`;ω;´)
ちゅっ	(´ε`)	ねる	(U。U)｡｡｡zzzZZ	ぷんぷん	(●`ε´●)
てへぺろ	(・ω<)	はぁ	(´Д`)=3	へび	~>゜)~~~
てれ	(*μ_μ)	ばいばい	(^_^)/~	ぽかーん	(・o・)
てれ	(*´∀`)	はっ	(*。◇。)ﾊｯ!	ぽかーん	(゜Д゜)
どきっ	Σ(・∀・;)	ははは	"´､(´∀`)`､"	ぽっ	(*´ｪ`*)
とほほ	(;´Д`)ﾄﾎﾎ…	ばんざい	＼(^o^)ノ	ぽっ	(u_u*)
ながれぼし	☆彡	ばんざい	＼(´ー`)ノ	ぽりぽり	^^;
なぜ	(?_?)	ぴーす	(^^)v	まずい	(+Д+)ﾏｽﾞｰ
なに?	(・・?)	ぴきぴき	(#^ω^)	みるな	(゜Д゜)
なみだ	(T_T)	びくっ	(@_@;)	むか	(・へ・)
なみだ	。°(°´Д`°)°。	ぴくぴく	(^_^メ)	むか	"(-""-)"
にこにこ	(^^)	びしっ	∠(°Д°)/	むかー	(ーーﾒ)
にこにこ	^_^;	びっくり	(@_@。	むしめがね	(p_-)
にこにこ	(^^♪	びっくり	\(◎o◎)/!	むっ	(`_ゝ´)ﾑｯ
にこにこ	(*^_^*)	びっくり	(￣_￣)!!	めも	φ(..)
にやり	(￣ー￣)ﾆﾔﾘ	ぴんぽーん	!(^O^)!	よしよし	(^_^)/(-_-;)
にゅっ	(＾v＾)	ぷー	ー3ー	わーい	＼(=´▽`=)ノ
ねこ	((≡°♀°≡)	ぶりっじ	┌(_Д_┌)┐	わお	ﾜ(゜Д゜)ｫ!

いえーい	☆-(ノゝД´)ハ(゜Д゜)ノイェーイ	ちゃぶだいがえし	(ノ`Д´)ノ彡┻━┻
いやぁー	＼(´Д`＼)(／´Д`)/ ｲﾔｧ～	つり	(;´ー´)o/￣￣￣￣~>゜)) 彡
えええ	ｴｴIIﾚI(´Д`)ｴﾚIIｴ	ねる	Zzz…(*´～`*)。o○ ﾑﾆｬﾑﾆｬ
おびえる	(((((;゜Д゜))))) ｶﾞｸｶﾞｸﾌﾞﾙﾌﾞﾙ	ぱしゃっ!	ﾊﾟｼｬｯ!Σp[【◎】]ω・´)
がーん	ｶﾞ――(;゜Д゜)――ﾝ!!	はしる	ε=ε=ε=┌(;*´Д`)ノ
ごほごほ	(!!´ﾛ`)o =3=3=3 ｺﾞﾎｺﾞﾎ	ぷぷっ	"((((´,,_ゝ`)))) ﾌﾟﾌﾟｯ
しゅりけん	(-_-)ノ――――＝＝＝≡≡≡ 卍 ｼｭｯ!	ぷんすか	o(`ω´*)o ﾌﾟﾝｽｶﾌﾟﾝｽｶ!!
ただいま	¦///¦＼(゜Д゜)ノ¦///¦ ﾀﾀﾞｲﾏｰ	まじ	ｴｯ(゜Д゜≡゜Д゜)ﾏｼﾞ?

新しい顔文字をつくる

顔文字は、工夫しだいで、だれでも新しいものをつくることができ、創造性の高い記号といえます。ある会社では、毎年、その年に話題になったことばが反映された顔文字の中から、投票によって最もその年らしい「Simeji今年の顔文字大賞」を選んでいます。

「Simeji今年の顔文字大賞」に選ばれた顔文字

(˙꒳˙)　おこ(怒り)

(◁)σ　それな

(☝ ˙ϖ˙)☝　ウェーイ

Simeji

19

文化のマークや記号

　私たちは記号を使って学んだり、伝えたり、ルールを決めたりしています。
　遊びや音楽、文学など、文化の中にもたくさんの記号があります。たとえば、トランプには数字と「ハート」や「クラブ」などのマークがあります。遊びだけでなく、音楽や本にもいろいろな記号があり、記録を取ったり、分類をしたりするために使われています。

ゲームのマーク

トランプをはじめ、将棋やチェスなど、世界で楽しまれているたくさんのゲームでマークが使われている。

音楽の記号

音符や記号を知ることで、作曲者がつくった曲を、みんなで演奏できる。

©PIXTA

©PIXTA

本の記号

本をつくったり、本を分類したりするのにも、多くの記号が使われている。

ISBN978-4-05-501314-7
C8301 ¥2800E
1450131400

9784055013147

定価：本体2,800円
※税が別途加算されます。

1928301028006

改訂版

NEW
マーク・記号の
大百科
ことばや文化、
スポーツ
1

(>_<)

雨 ことばの
マークや記号

♣ 文化の
マークや記号

♪ スポーツの
マークや記号

(≧▽≦)/

将棋のマークや記号

↑将棋のこまと最初の位置

　将棋のこまは8種類あり、それぞれ正式な名前とともに略称がついています。こまの略称は記号としても使われ、こまを進める方法を記録する棋譜や新聞の将棋欄も記号で書かれています。

　将棋盤のます目を表すための記号もあります。右の写真で、最初にこまを並べたときの先手側の王将の位置は「5九」で、後手側の玉将の位置は「5一」です。

こまの種類と動き

　こまは、玉将（玉）または王将（王）、飛車（飛）、角行（角）、金将（金）、銀将（銀）、桂馬（桂）、香車（香）、歩兵（歩）の8種類です（かっこ内は省略した呼び方）です。それぞれのこまは、下の図のように、動ける範囲が決まっています。桂馬以外は、ほかのこまを飛びこして動くことはできません。

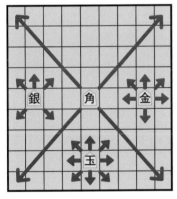
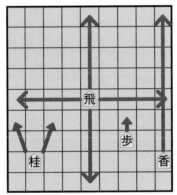

裏返ると強くなる

　玉将（または王将）と金将以外は敵陣（相手側の3段分）に入ると裏返して「成る」ことができ、動ける場所が増えます。

↑下が成る前、上が成った後。

対局を表す記号

　将棋の対局（対戦）で、2人がたがいに指した手を順番に記入した棋譜や将棋欄では、先手は▲、後手は△、こまの動きや種類を「7六歩」のように、記号を使って表します。記録方法が定められているので、だれでも後で対局を再現することができます。

↑対局中に記録係がつける棋譜。

↑新聞などに掲載される棋譜。

↓投了図（対局が終了したときの形）。

＊「圭」は成桂を表す。

©PIXTA

日本将棋連盟

21

チェスのマークや記号

将棋によく似たゲームとして知られているのがチェスです。実物のこまの形は複雑なので、チェスの本などではこまの形の記号を使います。棋譜を書くときは、こまの形の記号を書くのは大変なので、アルファベットの略号を使います。

©PIXTA

こまの種類と動き

チェス盤は8×8ますです。こまは6種類あり、それぞれ動かせる範囲が決まっています。

 ←キング　王
（略号は**K**）
縦、横、ななめのすべての方向に1ます動ける。将棋の玉将／王将と同じ。

 ←クイーン　王妃
（略号は**Q**）
さえぎるこまがなければ、縦、横、ななめに何ますでも動ける。

 ←ルーク　城
（略号は**R**）
さえぎるこまがなければ、縦か横に何ますでも動ける。将棋の飛車と同じ。

 ←ビショップ　僧正
（略号は**B**）
さえぎるこまがなければ、ななめに何ますでも動ける。将棋の角行と同じ。

 ←ナイト　騎士
（略号は**N**または**KT**）
上下左右に2ます、そこから垂直に1ます動ける。ほかのこまを飛びこえることができる。

 ←ポーン　歩兵
（略号は**P**）
前に1ます動ける。最初だけは2ます進める。

↓チェスのこまの記号と最初の位置。

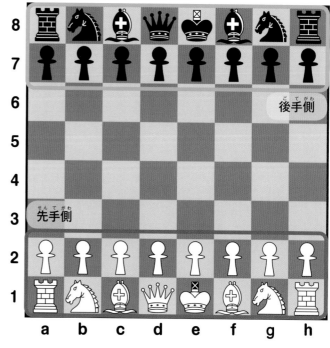

後手側

先手側

対局の表し方

こまの記号とますの位置を番号とアルファベットで表します。

（白黒が1回ずつ動かすと1手）

（例）：
4. Qh5 g6
4手目、白のクイーンがh5へ移動。黒のポーンがg6に移動。

5. Q × e5 a6
5手目、白のクイーンがe5のこまを取る。黒のポーンがa6に移動。

6. Q × h8 1-0
6手目、白のクイーンがh8のこまを取る。ここで黒が降参。

左のアルファベットは、動かしたこま（ポーンの場合は省略）を、真ん中のアルファベットと右の数字で、動かしたますの位置を表す。相手のこまを取ったときは「×」。白の勝ちは、「1-0」、黒の勝ちは「0-1」と書く。

↑勝負がついた状態。

日本チェス協会

盤を使ったゲームには、囲碁やオセロもあります。どちらも、記号で棋譜を書きます。記号を使うと、簡単に記録することができます。

囲碁の棋譜

1手目から最終手まで、打った順番に数字をふります。黒と白は色分けして書きます。黒は先手、白は後手です。1局(対戦)のすべての手を書いたものを総譜といいます。石を取った後に、再び置かれた場合などは、盤の図の外に書きます。

Tatiana Belova/Shutterstock.com

オセロの棋譜

囲碁と同じように、1手目から順番に数字をふり、先手と後手で黒と白に色分けします。チェスのように、盤には数字とアルファベットが割り当てられ、文字では「c4e3f6…」のように書き表します。

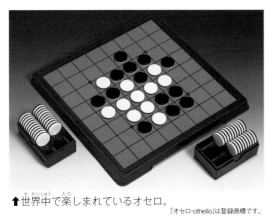

↑世界中で楽しまれているオセロ。

「オセロ・othello」は登録商標です。

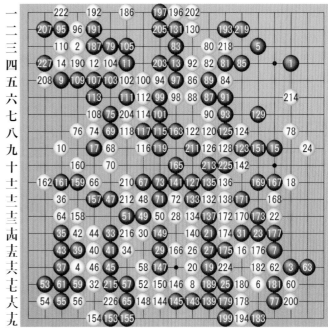

第40期囲碁名人戦七番勝負第4局(朝日新聞社主催)

↑棋譜は基本的に先手側から見た向きで書かれる。

←最終的に、自分の石で囲んだ範囲の広いほうが勝ち。

↓数字とアルファベットを組み合わせて64のますを表す。

	a (エー)	b (ビー)	c (シー)	d (ディー)	e (イー)	f (エフ)	g (ジー)	h (エイチ)
1	49	40	41	33	60	59	58	55
2	50	46	16	10	29	27	57	54
3	34	13	7	9	2	11	26	28
4	43	12	1			14	17	47
5	36	32	6			3	37	38
6	35	31	8	15	4	5	30	53
7	42	39	21	18	24	22	48	56
8	44	45	19	23	20	25	52	51

一般社団法人 日本オセロ連盟
TM&©othello.co. and Megahouse

トランプのマーク

　マークを使う遊びでよく知られているのは、トランプでしょう。トランプの正確な起源はわかっていませんが、うらないに使うタロットカードが原型だろうといわれています。ちなみに「トランプ」は日本だけで使われている名前で、西洋ではプレイングカードといいます。日本にプレイングカードが伝わってきたころ、西洋人がゲーム中に「切り札」という意味で「トランプ」といっているのを聞いて、こう呼ぶようになったそうです。

4種類のマークのおこり

　日本で使われているトランプは「ハート」「スペード」「ダイヤ」「クラブ」の4種類のマークがあり、アメリカやイギリスのトランプと同じです。国によって別のマークなども使われています。

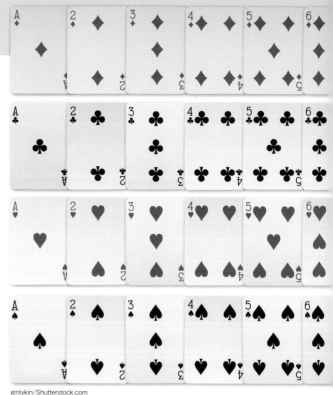

gmlykin/Shutterstock.com

➡スペード

もともとは刀剣を意味し、貴族や軍隊を象徴していたといわれる。4つのマークの中で、いちばん強いマーク。

スペードの元になったマーク

刀剣

木の葉

⬅ハート

もともとは聖杯を意味し、そうりょを象徴していたといわれる。後に、心臓の形に変わった。

ハートの元になったマーク

聖杯

心臓

➡ダイヤ

もともとは貨幣を意味し、商人を象徴していたといわれる。「財産」や「富」を表したともいわれる。

ダイヤの元になったマーク

貨幣

鈴

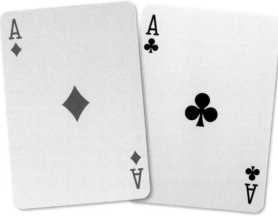

⬅クラブ

もともとはこん棒を意味し、農民を象徴していたといわれる。こん棒にかざった三つ葉のクローバーが模様として残った。

クラブの元になったマーク

こん棒

どんぐり

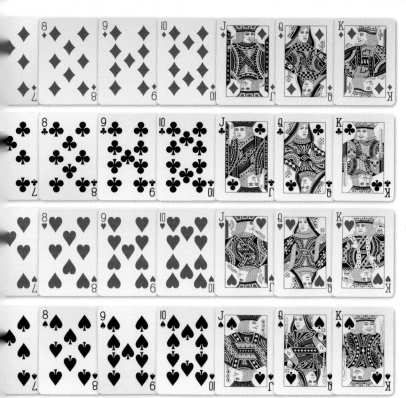

🔼キング

キングは「王様・国王」を表す。
アレキサンダー大王などの歴史上の偉大な王や
皇帝たちがモデルといわれる。

🔼クイーン

クイーンは「女王・王妃」を表す。
ギリシャ神話の女神、伝説的な美女、
旧約聖書に出てくる人物がモデルだといわれる。

キング、クイーン、ジャックのモデル

トランプにはK（キング）・Q（クイーン）・J（ジャック）の絵札
が、それぞれ4枚あります。もともとは、それぞれのマークの
絵札にモデルがいたといわれています。

モデルは時代や国に
よってもちがい、現在
の一般的なトランプの
絵札には、特定のモデ
ルはいません。

➡ジョーカー

ユーカーというゲー
ムで使う、ベスト・
バウワーという札が
元だといわれる。

🔼ジャック

ジャックは「騎士・兵士」を表す。
伝説的な英雄・勇者などがモデルにされることが
多かったといわれる。

スペードのエースのかざりは？

トランプで、スペードのエース（A）だけが、かざりのあるデザイン
になっていることがあります。17世紀のイギリスでは、トランプに
税金がかけられました。税金をはらったという印に、はじめはセット
の1枚（ふつうはスペードのエース）に印をおしましたが、後にイギリ
スの国章をあしらったスペードのエースを印刷するようになりまし
た。かざりのあるスペードのエースは、そのなごりなのです。

かざりのあるスペー
ドのエース。

Marc Dietrich/Shutterstock.com

音楽で使われる記号

音楽では、音符をはじめたくさんの記号を使って、楽譜がつくられます。記号がわかれば、音楽家がつくった音楽を再現でき、オーケストラのように多くの楽器で演奏することもできます。

©PIXTA

楽譜に使う記号

音楽を記録したものが楽譜です。音の高さ、音の長さ、音のリズムを記号で示すことで、正確に音楽を記録することができます。

音部記号

五線の左はしに書き、五線上での音の高さを決める記号。

ト音記号　ヘ音記号　ハ音記号

拍子記号

1小節＊の間のリズムを表します。下の数字が基本となる音符の種類を表し、上の数字が1小節の間に基本となる音符がいくつあるかを表します。

＊楽譜で縦の線で区切ったひとこま

$\frac{4}{4}$と同じ

調号

音部記号の次に書いてある、音の変化を表す記号です。「♯（シャープ）」と「♭（フラット）」を使って表します。

五線と加線

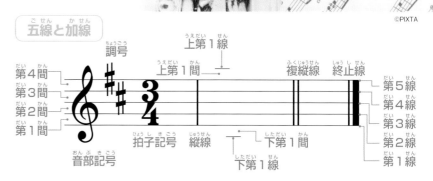

第4間　第3間　第2間　第1間　調号　上第1線　上第1間　複縦線　終止線　第5線　第4線　第3線　第2線　第1線　音部記号　拍子記号　縦線　下第1間　下第1線

音符

音符には算数的な法則があります。四分音符の半分の長さになるのが八分音符、その半分の長さが十六分音符です。

全音符　二分音符　付点四分音符＊＊　四分音符　八分音符　十六分音符

＊＊付点をした音符は長さを1.5倍にする。

休符

音の休止を表す休符の長さにも、音符と同じような法則があります。

全休符　二分休符　四分休符　八分休符　十六分休符

変化記号

音の高さの変化を表します。

シャープ　フラット　ダブルシャープ　ダブルフラット　ナチュラル
[嬰記号]　[変記号]　[重嬰記号]　[重変記号]　[本位記号]
半音上げる　半音下げる　半音を2回（全音分）上げる　半音を2回（全音分）下げる　変化記号を取り消し元の音にもどす

Coda	*Fine*	*D.S.*	**D.C.** *Da Capo*	𝄆 𝄇
コーダ [曲の結尾または終止部]	フィーネ [終わりの意]	ダル・セーニョ [𝄋 の所からくり返せの意]	ダ・カーポ [初めからの意]	反復記号 [反復の開始][反復の終了]

bis	*ter*	*quater*	⌢	⊕
ビス [この記号で囲まれた 小節部を反復する]	テル [この記号で囲まれた 小節部を3回反復する]	カテル [この記号で囲まれた 小節部を4回反復する]	フェルマータ [延長記号または 終止記号]	ヴィーデ [D.C.またはD.Sの後、 この記号からCodaへとぶ]

ppp	*pp*	*p*	*mp*	*mf*	*f*
ピアニッシシモ [できるだけ弱く]	ピアニッシモ [とても弱く]	ピアノ [弱く]	メッゾピアノ [少し弱く]	メッゾフォルテ [少し強く]	フォルテ [強く]

ff	*fff*	*fp*	> ∧	*cresc.* ＜	*decresc.* ＞
フォルティッシモ [ごく強く]	フォルティッシシモ [できるだけ強く]	フォルテピアノ [強くただちに弱く]	アクセント [アクセントをつけて]	クレシェンド [だんだん強く]	デクレシェンド [だんだん弱く]

Largo	*Larghetto*	*Lento*	*Adagio*	*Andante*
ラルゴ [はば広く、ゆるやかに]	ラルゲット [ラルゴよりやや速く]	レント [ゆるやかに]	アダージョ [ゆるやかに]	アンダンテ [歩くような速さで]

Andantino	*Moderato*	*Animato*	*Allegretto*	*Allegro*	*Presto*	*Prestissimo*
アンダンティーノ [アンダンテよりやや速く]	モデラート [中ぐらいの速さで]	アニマート [元気に、速く]	アレグレット [やや速く]	アレグロ [速く]	プレスト [急速に]	プレスティシモ [きわめて速く]

音階の呼び方

音階の呼び方は国によってちがいます。通常はイタリア式の「ドレミファ……」を使います。日本式の「ハニホヘ……」は、ハ長調、イ短調などと「調」を表すときに使います。「ハ」の音、「イ」の音が主音であるということです。ギターのコード名などは、アメリカ・イギリス式の「ＣＤＥＦ…」を用います。

日本	ハ	ニ	ホ	ヘ	ト	イ	ロ	ハ
イタリア	Do	Re	Mi	Fa	Sol	La	Si	Do
ドイツ	C	D	E	F	G	A	H	C
アメリカ・イギリス	C	D	E	F	G	A	B	C

日本の楽器　三味線と楽譜

ふだん演奏する機会が多いのは、ピアノやギターなど西洋から入ってきた楽器ですが、日本には古くから演奏されてきた和楽器があります。三味線、尺八、琵琶、和太鼓など、和楽器を使った演奏は、今もさかんに行われています。

和楽器の楽譜の記号は、西洋音楽で使われる記号とちがうことがあります。たとえば、3本の弦で複雑な音が出せる三味線の楽譜は、西洋のものとは大きくちがいます。

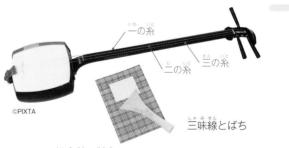

©PIXTA

三味線とばち

■三味線の楽譜

うらないのマークや記号

うらないにはいろいろな種類がありますが、広く知られているものに星うらないがあります。星うらないに使われる星座は12あり、それぞれにマークがあります。ヨーロッパで古くから行われているタロットうらないは、カードを使ううらないです。それぞれのカードの絵柄が決まっていて、それぞれに意味があります。

十二星座の記号

天体を調べるとき、地球のまわりをぐるりと取り囲む球があると考えることがあります。この球体を天球といいます。地球は自転しながら太陽のまわりを回っていますが、地上では太陽が動いているように感じられます。天球上を太陽が動いているように見える道筋を黄道といい、黄道にある12の星座が星うらないに使われています。

おひつじ座
3月21日〜4月19日生まれ

おうし座
4月20日〜5月20日生まれ

ふたご座
5月21日〜6月21日生まれ

かに座
6月22日〜7月22日生まれ

しし座
7月23日〜8月22日生まれ

おとめ座
8月23日〜9月22日生まれ

てんびん座
9月23日〜10月23日生まれ

さそり座
10月24日〜11月22日生まれ

黄道と十二星座

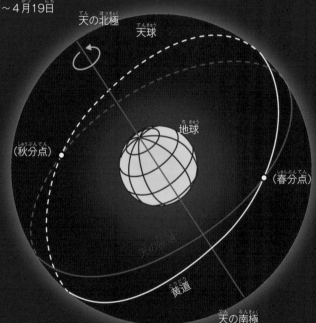

天の北極／天球／地球／（秋分点）／（春分点）／天の赤道／黄道／天の南極

地球上の赤道をそのまま天球まで広げると「天の赤道」になります。天の赤道と黄道が交わる「春分点」を出発点として、黄道を12等分し、各星座に割り当てています。

うお座
2月19日〜3月20日生まれ

みずがめ座
1月20日〜2月18日生まれ

やぎ座
12月22日〜1月19日生まれ

いて座
11月23日〜12月21日生まれ

※星座の期間は異なる場合もあります。

タロットカードの記号

うらないに使われるタロットカードには、22枚の大アルカナと、56枚の小アルカナの合計78枚があります。大アルカナには、1～21の番号がかかれている札と番号のない札があります。小アルカナは4種類あり、それぞれの種類をスートと呼びます。

⬆️ I 魔術師

⬆️ II 女教皇

⬆️ III 女帝

⬆️ IV 皇帝

大アルカナ

➡️ V 法王

⬆️ VI 恋人

⬆️ VII 戦車

⬆️ VIII 権力

⬆️ IX 隠者

⬅️ X 運命の車輪

➡️ XI 正義

⬆️ XII つるし人

⬆️ XIII 死

⬆️ XIV 節制

⬆️ XV 悪魔

⬅️ XVI 塔

⬆️ XVII 星

⬆️ XVIII 月

⬆️ XIX 太陽

⬆️ XX 審判

⬆️ XXI 世界

⬆️ 愚者

小アルカナ

小アルカナカードは「剣」「こん棒」「聖杯」「貨幣」の4種のマーク（スート）で構成され、それぞれ14枚のカードがあります。各スートには、1～10の数のカードと、王、女王、騎士、兵士の絵札があります。

⬆️ 剣

⬆️ こん棒

⬆️ 聖杯

⬆️ 貨幣

本に関するいろいろな記号

本の中にもさまざまな記号が使われています。「、(読点)」や「。(句点)」、おどろきを表す「！(感嘆符)」などをはじめ、「■」、「●」などの記号が使われることもあります。また、多くの本の裏表紙には、数字とともに印刷されたバーコードがあります。これは本を分類するための大切な記号です。

本の中で使われる記号

記号	名称
、	読点、点
。	句点、丸
・	中黒、中点
．	ピリオド
，	コンマ、カンマ
：	コロン
；	セミコロン
?	疑問符、耳だれ、クエスチョンマーク
??	二重疑問符、二つ耳だれ
!	感嘆符、雨だれ、エクスクラメーションマーク
!!	二重感嘆符、二つ雨だれ
!?	ダブルだれ
ゝ	ひらがなかえし、一つ点
々	漢字がえし、同の字点
〃	同じく、チョンチョン
'	アポストロフィ、アポ
-	ハイフン
＝	二重ハイフン

記号	名称
—	ダーシ、ダッシュ
＝	二重ダーシ、二重ダッシュ
〜	波ダーシ、波ダッシュ
…	三点リーダー
†	ダガー、短剣符
※	米印
＊	アステリスク、アステリ
§	セクション、章標
#	ナンバー、番号符
☆	白星、白スター
★	黒星、黒スター
○	丸印、白丸
○	太丸
◎	二重丸
◉	蛇の目
●	黒丸
□	白四角
■	黒四角
△	白三角
▲	黒三角

記号	名称
◇	白ひし形
◆	黒ひし形
→	矢印
↔	両矢印
⇨	白ぬき太矢、白矢
( )	パーレン、かっこ、丸かっこ
(( ))	二重パーレン、二重かっこ
〔 〕	亀甲かっこ
[ ]	ブラケット、大かっこ
【 】	すみつきパーレン
「 」	かぎ、かぎかっこ
『 』	二重かぎ、二重かぎかっこ
' '	クォーテーションマーク
" "	ダブルクォーテーションマーク
〃 〃	ダブルミニュート、チョンチョン
〈 〉	山形、ギュメ
《 》	二重山形、二重ギュメ
{ }	ブレース、中かっこ
©	コピーライト(著作権)マーク
®	登録商標マーク(国などに登録されている商標)

課題図書のシンボルマーク

全国学校図書館協議会は、学校図書館の充実発展と青少年読書の振興を図るための活動をしています。そのひとつとして、毎年、青少年読書感想文全国コンクールを毎日新聞社と実施しています。このとき、主催者が指定する本が、課題図書と呼ばれるものです。課題図書は、小学校低学年から高校まで、各数冊が選ばれ、その目印として、マークがつけられます。

課題図書のシンボルマーク
公益社団法人全国学校図書館協議会

本の分類に使われる記号

　本の裏表紙に書かれている数字を、日本図書コードといいます。1列目の数字がISBN（国際標準図書番号）で、2列目は分類コードと本体価格です。このコードだけで、どんな内容の本なのかがわかるようになっています。日本図書コードは数字のほかにバーコードでも印刷されているので、機械で簡単に読み取ることができます。

ISBNコード

- ●国記号（4＝日本）
- ●出版者記号（05＝学研プラス）
- ●書名記号
- ●チェック数字

ISBN978-4-05-501118-1

C8339 ¥2800E

1450111800

分類記号

- ●本体価格
- ●内容（39＝民族・民俗）
- ●発行形態（3＝全集・双書）
- ●販売対象（8＝児童）

9784055011181

1928339028009

分類記号

●1けた目（販売対象コード）

0	一般
1	教養
2	実用
3	専門
4	検定教科書・消費税非課税品・その他
5	婦人
6	学参Ⅰ（小中学生対象）
7	学参Ⅱ（高校生対象）
8	児童（中学生以下対象）
9	雑誌扱い

●2けた目（発行形態コード）

0	単行本
1	文庫
2	新書
3	全集・双書
4	ムック・日記・手帳・その他
5	辞典・事典
6	図鑑
7	絵本
8	磁性媒体など
9	コミックス

●3けた目・4けた目（内容コード）　3けた目：大分類／4けた目：中分類

00	総記	20	歴史総記	40	自然科学総記	60	産業総記	80	語学総記
01	百科事典	21	日本歴史	41	数学	61	農林業	81	日本語
02	年鑑・雑誌	22	外国歴史	42	物理学	62	水産業	82	英米語
03		23	伝記	43	化学	63	商業	83	
04	情報科学	24		44	天文・地学	64		84	ドイツ語
05		25	地理	45	生物学	65	交通・通信業	85	フランス語
06		26	旅行	46		66		86	
07		27		47	医学・薬学	67		87	外国語
08		28		48		68		88	
09		29		49		69		89	
10	哲学	30	社会科学総記	50	工学・工業総記	70	芸術総記	90	文学総記
11	心理（学）	31	政治（国防・軍事）	51	土木	71	絵画・彫刻	91	日本文学総記
12	倫理（学）	32	法律	52	建築	72	写真・工芸	92	日本文学詩歌
13		33	経済・財政・統計	53	機械	73	音楽・舞踊	93	日本文学小説
14	宗教	34	経営	54	電気	74	演劇・映画	94	
15	仏教	35		55	電子通信	75	体育・スポーツ	95	日本文学評論・随筆・その他
16	キリスト教	36	社会	56	海事	76	諸芸・娯楽	96	
17		37	教育	57	採鉱・冶金	77	家事	97	外国文学小説
18		38		58	その他工業	78	日記・手帳	98	外国文学・その他
19		39	民族・民俗	59		79	コミック・劇画	99	

祝日や記念日のマーク・記号

2014年に山の日が加わり（施行は2016年から）、国民の祝日が年間16日になりました。また、団体や企業などが定めている記念日は、2000以上もあるといわれています。こうした祝日や記念日には、シンボルマークやロゴがつくられることがあります。ひと目でどんな日かわかるマークやロゴは、祝日や記念日を広く知ってもらうために役立っています。

記念日のマーク

記念日は、考え方やものごとを多くの人に理解してもらったり、関心を持ってもらったりするために定められています。ひと目でわかりやすいマークは、ちょっと見ただけでも印象に残ります。

◐ふろしきの日
2月23日。「つつみ」のごろ合わせで2000年に制定。マークは「二・二・三」の漢字がデザインされている。日本の伝統的な日用品で、くり返し使える環境にやさしいふろしきをPRするために京都ふろしき振興会が制定した。

京都ふろしき振興会

3月25日
電気記念日

一般社団法人日本電気協会

◐電気記念日
3月25日。日本で初めて公の場で、電灯が点灯した日を記念して「日本電気協会」が制定。マークは、手のひらで光を囲む形と、電球の形をイメージ。

文部科学省

◐科学技術週間
発明の日（4月18日）をふくむ1週間。日本の科学技術に関する理解や関心を高め、振興することを目指して制定。マークは「Science（サイエンス）」の「S」をベースに青が宇宙、赤が大地、ドットは人類を表す。

看護の心をみんなの心に
5月12日は
看護の日

公益社団法人日本看護協会

◐看護の日
5月12日。イギリスの看護師ナイチンゲールの誕生日にちなむ。「看護の日の制定を願う会」の運動がきっかけとなり、1990年に制定。

5月28日は
骨盤の日

株式会社ファクトリージャパングループ

◐骨盤の日
5月28日。骨盤ケアの大切さを社会に広め、健康促進と予防に対する意識改革を進めることが目的。5と28を「骨（52）盤（8）」と読ませて、この日になった。

6月3日「測量の日」
主催：国土交通省

「測量の日」実行委員会

◐測量の日
6月3日。1949年に測量法が制定された日を記念し、制定40周年の1989年に建設省（現国土交通省）が制定。

6月6日は補聴器の日

一般社団法人日本補聴器販売店協会
一般社団法人日本補聴器工業会

◐補聴器の日
6月6日。日付が耳のような形になることなどから、日本補聴器販売店協会と日本補聴器工業会が制定。マスコットキャラクターはゾウの「ロロくん」。

祝日のマーク

国民の祝日は「国民の祝日に関する法律」によって定められています。日本のカレンダーでは日にちが赤字で書かれたり、国旗がえがかれたりしています。

➡山の日

8月11日。2014年に制定され、2016年から施行された国民の祝日。「山に親しむ機会を得て、山の恩恵に感謝する」日として定められた。マークは、制定を求めてつくられた（全国山の日協議会のマーク）。

一般財団法人全国山の日協議会

➡海の日

7月の第3月曜日。「海の恩恵に感謝するとともに、海洋国日本の繁栄を願う」日として1996年に施行。当初は7月20日だったが、2003年に改正。マークは折り紙の船をデザインしたもので、黄色は太陽の光を象徴している。

公益財団法人日本海事広報協会

一般社団法人全国楽器協会

⬆楽器の日

6月6日。「芸事のけいこ始めは、6歳の6月6日にする」という習わしに由来。1970年に全国楽器協会によって制定された。

特定非営利活動法人ワールドオーシャンズデイ

⬆ワールドオーシャンズデイ

6月8日。「海の重要性に気づき、感謝する日」として、2009年に国連が制定。世界70以上の国と地域で、海岸清掃などの海に関するイベントが開かれる。

「川の日」実行委員会

⬆川の日

7月7日。七夕伝説の天の川のイメージなどから、建設省（現国土交通省）が1996年に制定。

川の日のシンボルイラスト。

7月の第4日曜日は
親子の日

親子の日普及推進委員会

⬆親子の日

7月の第4日曜日。親子の関係から平和を願う日。母の日（5月の第2日曜日）、父の日（6月の第3日曜日）を受けて、親子の日普及推進委員会が制定。

8月10日は「道の日」

国土交通省

⬆道の日

8月10日。1920年に日本で初めて道路整備についての長期計画である第1次道路改良計画が実施された日であることなどを記念して、建設省（現国土交通省）が1986年度に制定。

10月1日は国際コーヒーの日

一般社団法人全日本コーヒー協会

⬆国際コーヒーの日

10月1日。国際協定で、コーヒーの新年度が始まると定められている日。全日本コーヒー協会によって1983年に定められた、「コーヒーの日」がもとになっている。

10/1は展望の日

全日本タワー協議会

⬆展望の日

10月1日。「展望」の「展」を「テン（10）」、「望」を「棒（1）」として、全日本タワー協議会が定めた。東京タワーなど全国のタワーでイベントが行われる。

スポーツのマークや記号

スポーツでも、たくさんのマークや記号が使われています。スポーツ大会を象徴するマークやエンブレムのほか、サッカーや野球のチームのマークもあります。また、各競技で使われるジェスチャーもマーク・記号の一種です。

オリンピックのマーク

第28回アテネ大会（2004年）でのオリンピックの開会式。選手たちとともに、オリンピックを象徴する五輪のマークの旗が入場する。

国体のマーク

⬆第70回紀の国わかやま国体（2015年）。毎年行われる国民体育大会（国体）では、大会ごとにロゴやマークがつくられ、大会を広く知ってもらうことに役立てられる。

サッカーのマーク

↓Jリーグの試合が行われるスタジアム。チームのシンボルのエンブレムが映し出され、応援団の熱気が高まる。

34

国際スポーツ大会のマーク

オリンピックの五輪マークをはじめ、多くのスポーツ大会では、その大会を象徴するシンボルマークが決められています。長く続く大会は、マークも伝統として引きつがれています。

国際スポーツ大会のマーク

世界の注目を集めるスポーツ大会では、大会を象徴するマークが長く使われることがあります。また、大会ごとにマークがつくられることもあります。

↑テニスのウィンブルドン選手権のマーク。ラケットとボールを組み合わせている。
デザイナー：佐藤忠敏

RUGBY WORLD CUP™
JAPAN日本2019

↑ラグビーワールドカップのマークは、選手のユニフォームなど、さまざまな場所に使われた。

←2019年9月20日〜11月2日に、日本で開催されたラグビーワールドカップのマーク。全国12会場で試合が行われた。

国民体育大会のマーク

国民体育大会（国体）は、都道府県対抗、都道府県持ち回り式で、毎年行われるスポーツの大会です。本大会と冬季大会があり、各種競技が行われます。

↑赤く燃えるほのおをマーク化したもの。
公益財団法人 日本スポーツ協会

炬火台に点火する選手代表。

フォート・キシモト

いきいき茨城ゆめ国体
第74回国民体育大会　2019年9月28日（土）▶10月8日（火）
いきいき茨城ゆめ大会
第19回全国障害者スポーツ大会　2019年10月12日（土）▶10月14日（月）

翔べ　羽ばたけ　そして未来へ

いばラッキー
2019

↑2019年に茨城県で開催された国民体育大会（国体）と、全国障害者スポーツ大会のロゴマーク。キャラクターが使われている。

スポーツ少年団のマーク

←スポーツ少年団は、「スポーツを通して青少年のからだとこころを育てる」ことなどを目的として日本体育協会が創設した。若葉がのびる少年を、5つの輪がスポーツと連帯を表す。
公益財団法人 日本スポーツ協会

オリンピック・パラリンピックのマーク

オリンピック・パラリンピックは、4年に一度行われる国際スポーツ大会です。それぞれに、シンボルマークが定められています。また、大会ごとにエンブレムがつくられます。さらに、競技を表すマークがつくられます。

↑オリンピックのシンボルマーク。5つの輪は、世界5大陸（ヨーロッパ・アジア・アフリカ・オセアニア・アメリカ）を表し、世界から選手が集まることを象徴している。 IOC

オリンピック・パラリンピックのマーク

シンボルマークとともに、開催地ごとにエンブレムをつくります。

↑東京2020のエンブレム。日本の古い模様である市松模様を使う。3種類の四角形を組み合わせ、国や文化・思想などのちがいをこえてつながり合うことを表す。

©Tokyo 2020

↑日本オリンピック委員会（JOC）の第2エンブレム。

JOC

↑パラリンピックのシンボルマーク。中心点に向かうスリー・アギトス（ラテン語で「私は動く」という意味）の曲線は、世界中のアスリートを結びつけ、鼓舞し続けるパラリンピックムーブメントを表す。

IPC

パラリンピック競技のピクトグラム

東京2020大会では、23種類のピクトグラムが決められました。

©Tokyo 2020

陸上競技

バドミントン

ボッチャ

自転車競技ロード

5人制サッカー

ゴールボール

パワーリフティング

射撃

シッティングバレーボール

テコンドー

車いすバスケットボール

車いすフェンシング

オリンピック競技のピクトグラム

オリンピックでは、各競技ごとにピクトグラムが決められます。東京2020大会では、50種類のピクトグラムが決められました。

アーチェリー

陸上競技

バドミントン

バスケットボール

カヌー スラローム

自転車競技 BM X レーシング

飛びこみ

馬術 障害馬術

フェンシング

サッカー

ゴルフ

柔道

ボート

ラグビー

射撃

スケートボード

スポーツクライミング

サーフィン

卓球

トランポリン

バレーボール

レスリング

競技場のマーク

案内図記号の中には、スポーツの競技場や施設を表すものがあります。

JIS Z8210 5-4-2
陸上競技場

JIS Z8210 5-4-3
サッカー競技場

JIS Z8210 5-4-4
野球場

JIS Z8210 5-4-5
テニスコート

1964年の東京五輪・パラリンピック

オリンピックなどのスポーツ大会では、それぞれの特徴をとらえた種目別のピクトグラムが使われます。その多くは、1964年の東京オリンピックのときにつくられました。

➡1964年に開催された東京オリンピックで使われたエンブレム。日の丸がモチーフ。

↑陸上競技　↑ボクシング　↑馬術

TOKYO 1964

IOC

37

サッカーで使われているマークや記号

スポーツの試合では、さまざまなマークや記号が使われています。サッカーの競技場に示されたエリアや、審判の合図（ジェスチャー）も、一種の記号です。選手のポジションや試合内容を書き表すときにも記号が使われています。また、サッカーチームのエンブレムは、チームの特色を表す色や形をデザインしています。

サッカー競技場の大きさと名前

サッカーの競技場は、ラインやエリアに、右の図のような名前がついています。

全体の大きさはゴールラインが45〜90m、タッチラインが90〜120mとなっています。ただし、国際大会では、ゴールラインは64〜75m、タッチラインは100〜110mの範囲と決められています。

すべてのラインのはばは同じで12cm以下にするなど細かい規定も設けられています。

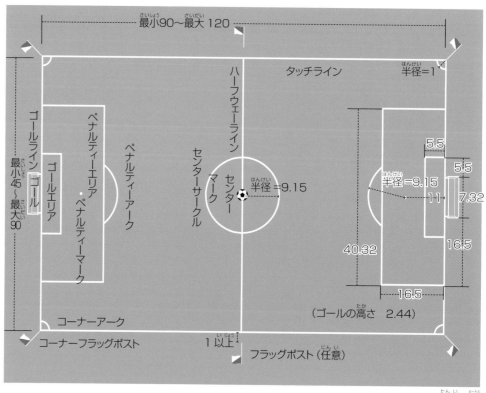

単位：m

試合結果を伝える新聞などで使われる記号

スポーツの試合結果を伝える新聞などの記事は、記号が多く使われます。この記号を見るだけで、試合結果以上のことがわかります。たとえば、選手の名前の横に（3・4・3）や（4・4・2）とありますが、これは各チームのフォーメーション（陣容）のシステムを表しています。（3・4・3）であれば、ディフェンダー（DF）が3人、ミッドフィルダー（MF）が4人、フォワード（FW）が3人という意味です。チームがその試合に対して守備的だったのか攻撃的だったのかを推測することができるのです。

大分 トリニータ

2 [1−1 / 1−0] **1** 大阪 ガンバ

前11分 ガ 宇佐美⑤
前39分 分 三平④
後19分 分 岩田④

高	木	三	鈴	岩	GK	口	東	春	浦	沼
小	林	本	田	裕		藤	三	菅	権	藤
松	長谷		本	川		金	遠	英	藤	瀬
田	中	塚	平		(3・4・3)	小	野	井	手	口
小	三					矢	阿	デ	ミ	ウ	ソ	ン
オ	ナ	イ	ウ			宇佐美				

10 シュート 13

▽交代 分 高山（後37分、小塚）、島川（後40分、長谷川）、後藤（後40分、三平） ガ スサエタ（後20分、矢島）、パトリック（後30分、井手口）、福田（後37分、菅沼） ▽警告 分 三竿

←↑得点結果とメンバーの名前、ポジション、試合内容。

記号の説明

[ポジション]
GK　ゴールキーパー
DF　ディフェンダー
MF　ミッドフィルダー
FW　フォワード

[試合内容]
GK　ゴールキック
CK　コーナーキック
FK　フリーキック

[得点表]
SH　シュート
PK　ペナルティーキック

審判のシグナル

試合中の審判は、試合をしているプレイヤーにさまざまな合図を出します。遠くのプレイヤーにもわかりやすいように、合図（シグナル）が決められています。

主審

↓アドバンテージ　↑間接フリーキック　↓直接フリーキック　↓ゴールキック（ゴールエリアをさす）　↑ペナルティーキック（ペナルティーマークをさす）　↑コーナーキック（キックするコーナーエリアをさす）　↓警告（イエローカード）　↓退場（レッドカード）

副審

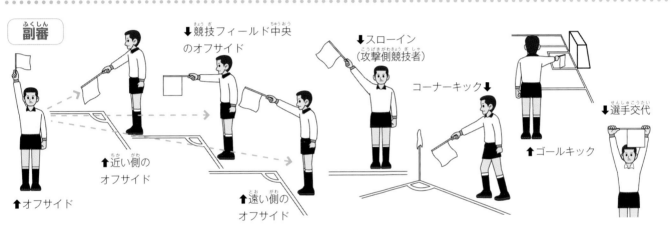

↑オフサイド　↑近い側のオフサイド　↓競技フィールド中央のオフサイド　↑遠い側のオフサイド　↓スローイン（攻撃側競技者）　コーナーキック↓　↑ゴールキック　↓選手交代

J1クラブのエンブレム

2019年10月現在

北海道コンサドーレ札幌

ベガルタ仙台

鹿島アントラーズ

浦和レッズ

ＦＣ東京

川崎フロンターレ

横浜Ｆ・マリノス

湘南ベルマーレ

松本山雅ＦＣ

清水エスパルス

ジュビロ磐田

名古屋グランパス

ガンバ大阪

セレッソ大阪

ヴィッセル神戸

サンフレッチェ広島

サガン鳥栖

大分トリニータ

Jリーグ

野球で使われているマークや記号

野球の試合でもいろいろなマークや記号が使われています。たとえば、テレビで試合を中継しているときに、画面の片すみに「B」「S」「O」などの文字と数字が出ています。それらは、ボール、ストライク、アウトの数を表しています。

野球の用語はもともと英語ですが、日本でも古くからさかんなスポーツなので、日本語の記号も使われています。

野球の競技場の大きさと名前

野球の競技場は、右の図のようになっています。少年野球の場合は、塁と塁の間が23mで、ピッチャーのマウンドと本塁の間が16mの場合もあります。

正式には、マウンドが本塁より25.4cm高くなるように土を盛ります。

新聞などで使われる記号

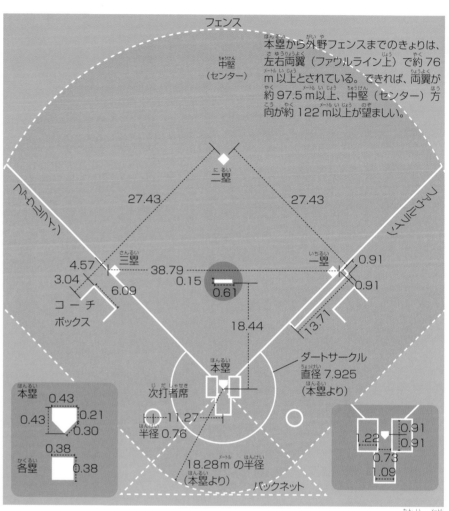

フェンス
中堅（センター）
本塁から外野フェンスまでのきょりは、左右両翼（ファウルライン上）で約76m以上とされている。できれば、両翼が約97.5m以上、中堅（センター）方向が約122m以上が望ましい。

二塁
27.43　27.43
三塁　38.79　一塁　0.91
4.57　0.15　0.91
3.04　0.61
6.09　0.15
18.44　13.71

コーチボックス

ダートサークル
直径 7.925
（本塁より）

本塁
次打者席
11.27
半径 0.76
18.28mの半径（本塁より）
バックネット

本塁
0.43　0.21
0.43　0.30
0.38
各塁　0.38

1.22　0.91
0.91
0.73
1.09

単位：m

【日 本】　　打安点
(一) 山田哲 (ヤクルト) 3 1 3
(遊) 坂本勇 (巨 人) 3 1 0
(中) 丸 (巨 人) 4 0 0
(右) 鈴 木 (広 島) 4 1 1
(指) 浅 村 (楽 天) 4 2 1
(三) 外 崎 (西 武) 3 0 0
(左) 近 藤 (日本ハム) 4 0 0
(補) 会 沢 (広 島) 2 1 0
(二) 菊 池 (広 島) 3 1 0
　　振球犠併残
　　6 4 2 2 7　30 7 5

投手　　　回　安　責
山 口 (巨 人) 1　2　3
高橋礼 (ソフトバンク) 2　1　0
田 口 (巨 人) 2　2　0
中 川 (巨 人) 1　0　0
甲斐野 (ソフトバンク) 1　0　0
山 本 (オリックス) 1　0　0
山 崎 (DeNA) 1　0　0

[二] 鈴木　浅村　坂本勇 [失]
金相堅　菊池涼 [暴] 李映河
　　　　　　　　3時間

▽決勝
日 韓
金賢洙　[勝] 高橋礼 本 3 0 0 0 0 0 0 1 0 X 0
国 1 3 0 0 0 0 0 0 X 0
（以上韓）[S] 山崎
山田哲 [敗] 梁玹種 [本] 金河成、
(日) 金河成、
5 3

記号の説明

[守備位置]

投　投手（ピッチャー）
捕　捕手（キャッチャー）
一　一塁手（ファースト）
二　二塁手（セカンド）
三　三塁手（サード）
遊　遊撃手（ショート）
左　左翼手（レフト）
中　中堅手（センター）
右　右翼手（ライト）
指　指名打者

[打撃成績]

打　打数
安　安打（ヒット）
点　打点
本　本塁打（ホームラン）

[その他]

振　三振
球　四球（フォアボウル）
犠　犠打
併　併殺（ダブルプレー）
残　残塁
二　二塁打
失　失策（エラー）

[投手成績]

回　投球回数
打　打者数
安　被安打
振　奪三振
球　与四死球
責　自責点
勝　勝利投手
H　ホールド
S　セーブ
暴　暴投
ボ　ボーク

審判のジェスチャー

野球の球審は、ピッチャーが1球投げるごとに、ストライクかボールかを判定します。判定は、ジェスチャーと同時に、声でもコールするのが一般的です。ファウルボール、デッドボールを判定するのも球審です。本塁以外の塁でアウトかセーフかの判定は、塁ごとにいる塁審が行います。

球審

← プレイ
↑ タイム
← ストライク
↑ ボールカウント
← アウト
↑ セーフ
← ファウルボール
← ボールデッド
↑ フェア

塁審

↓ アウト
↓ セーフ
↓ タイム
↓ インフィールドフライ
↓ ツーベース
↓ ホームラン

プロ野球チームのマーク

2020年1月現在

セントラル・リーグ

読売
ジャイアンツ

横浜DeNA
ベイスターズ

阪神
タイガース

広島東洋
カープ

中日
ドラゴンズ

東京ヤクルト
スワローズ

パシフィック・リーグ

埼玉西武
ライオンズ

福岡ソフトバンク
ホークス

東北楽天
ゴールデンイーグルス

千葉ロッテ
マリーンズ

北海道日本ハム
ファイターズ

オリックス・
バファローズ

NPB

スポーツのジェスチャーサイン

スポーツの審判のジェスチャーは、競技のルールによって変わります。主審が見えにくい場所を見るために線審や副審がいることもありますが、そのジェスチャーは主審のものとは少し異なります。

バスケットボール

➡得点になったとき（2点の場合）

⬇スリーポイントシュート（3点になるシュートをしたとき）

⬇得点になったとき（3点の場合）

⬇ノーカウント（無得点）

➡タイムイン（時計を動かし始める）

➡タイムアウト

➡時計を止める

➡選手交代

➡トラベリング

⬇イリーガルドリブル（ダブルドリブル）

⬇3秒ルールの違反

⬅ジャンプボール・シチュエイション

⬇ファウルで時計を止める

⬇ブロッキング

⬇ホールディング

⬇プッシングまたはボールをコントロールしていない選手へのチャージング

➡ボールをコントロールしている選手へのチャージング

⬇ダブルファウル

⬇テクニカルファウル

⬅アンスポーツマンライクファウル

バレーボール（主審）

 サービス許可
 サービス側のチーム
 チェンジコート
 タイムアウト

 選手交代
警告（イエローカード）
反則（レッドカード）
退場
セット、ゲーム終了

ボールイン
ボールアウト
キャッチ（ホールディング）
ダブルコンタクト

フォアヒット
タッチネット
オーバーネット
ダブルフォルト
ワンタッチ

ソフトテニス（副審）

*コールもする

フォルト
レット*
ノーカウント*
アウト
その他の失ポイント*
タイム*

卓球

チェンジサービス（サーバーを示す）
レット、タイムなど
ポイント

柔道（主審）

一本
技あり
有効

おさえこみ
おさえこみ「解けた」

待て
指導

自転車レースのサイン

自転車のレースでは、後ろの選手に対して、手でサインを送って合図します。

左折します
右折します
左側に寄ってください
右側に寄ってください
路面に注意
先に行ってください
速度を落としてください
止まります

シマノ・バイカーズフェスティバルより

43

記録に使うマークや記号

スポーツの試合で、どのようにプレーされたかを記録するためにスコアブックなどが使われます。記録には記号をたくさん使うことで、多くの情報を一度に書きとめることができます。また、記号が表す意味がわかれば試合のくわしい経過までがわかり、とても便利です。

野球のスコアブック

スコアブックにはいろいろな形式があります。右はその一例です。

グラウンドの形をえがき、打者の打撃の内容と結果、走者、守備の送球など、選手のプレーを書きこみます。真ん中のひし形には、アウトや点数に関する情報を入れます。

打者への投球を、1球ごとに書く

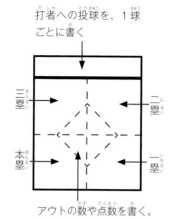

アウトの数や点数を書く。

主な記号の例

ボール、ストライク、ファウルなど、打席での内容と結果を記号で書く。守備の選手のポジション（守備位置）は1〜9の数字で表す。

● ボール	1 投手（ピッチャー）
× ストライク	2 捕手（キャッチャー）
※ 空ぶり	3 一塁手（ファースト）
※ 空ぶり（バント）	4 二塁手（セカンド）
△ ファウル	5 三塁手（サード）
◭ ファウル（バント）	6 遊撃手（ショート）
B フォアボール	7 左翼手（レフト）
DB デッドボール	8 中堅手（センター）
K 三振	9 右翼手（ライト）

記入例

1球目　空ぶり
2球目　ボール
3球目　ボール
4球目　ストライク
5球目　ボール
6球目　サードゴロ

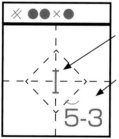

アウトの数を、ローマ数字で書く。

サードからファーストに送られたゴロ（上向きかっこ）であることを示す。

野球のスコアブックの記入例。

ボウリングのスコア表

フレームごとに、1投目・2投目にたおしたピンの数と、たおしたピンの合計数を書き入れます。1投目で全部たおしたときはストライクマーク、1投目で残したピンを2投目でたおし切るとスペアマークなどのマークも使います。

ボウリング場では、自動的にスコアがつけられ、頭上のモニターに映し出されることが多い。
©PIXTA

主な記号

◪ ストライク（1投で10本たおす）
◪ スペア（2投で10本たおす）
G ガター（ボールがピンに届く前にみぞに落ちる）
－ ミス（2投目でピンを1本もたおせない）
○ スプリット（1投で残ったピンがはなれている）
F ファウル（ファウルラインをこえる）

記入例

フレーム	1	2	3	4	5	6
（名前）	◪	7 ◪	8 －	G 9	F 5	⑧ 1
	20	38	46	55	60	69

ストライク　スペア　ミス　ガター　ファウル　スプリット

得点

競技オリエンテーリングの記号

競技オリエンテーリングは、専用の地図とコンパス（方位磁石）を使い自然の中に設けられたチェックポイントをまわって、フィニッシュ（ゴール）に着くまでの所要時間を競うスポーツです。その地図にはさまざまなマークが使われています。

地図に使われる記号

競技オリエンテーリングの競技者は、競技用の地図をわたされその指示で動きます。地図では記号が使われ、スタート地点が△、チェックポイント（コントロールとも）が○、フィニッシュが◎で示されています。

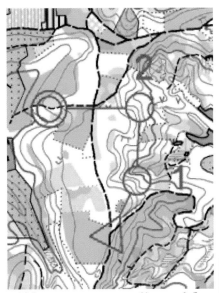
↑競技オリエンテーリングで使われる地図。

↑チェックポイントをまわる競技者。競技では、さまざまな地形の場所を通る。

↑競技者が使うコンパス（方位磁石）。

←チェックポイントの目印となるコントロール・フラッグ。

位置を説明する記号

競技者には地図とともに、チェックポイントがどのような地形の場所に置かれているかを説明する用紙がわたされます。そこには、地形の特徴が記号で示されています。

主な記号

記号	意味	記号	意味	記号	意味	記号	意味	記号	意味
↑	北の	▲	岩	■	建物	Q	南東のふち	⟩	東の角（内側）	⟋	南西の突端	⊤	間
↘	南東の	∽	湖	⌒	低い	⊙	西の部分	V	南の角（外側）	⟨	曲がり	人	有人
⊢	上の	⊍	池・沼	∪	浅い								
⊩	尾根	⋰	細い湿地	⊔	深い								
⋀	沢	※	やぶ・植込み	✕	交点								
⌢	採石場	╱	道路	Y	分岐								
⌵	穴	╱	橋	⊙	北東側								

表の例

ひとつ目のチェックポイントは、細い湿地の曲がっているところにある。

1	101		⋰				⟨
2	212	↙	▲			1.0	⊙

2つ目は、北西の岩（大きさ1m）の東側にある。

公益社団法人 日本オリエンテーリング協会

NDC
030

監修 太田幸夫

改訂版 NEWマーク・記号の大百科 全6巻
①ことばや文化、スポーツ

学研プラス 2020 48P 26.5cm
ISBN978-4-05-501314-7 C8301

監　　　修　太田幸夫
イラスト　小俣千登勢、川下隆、すぎうらあきら、中川よしあき、渡辺潔
表 紙 画 像　公益社団法人全国学校図書館協議会
装　　　丁　辻中浩一・小池万友美（ウフ）
本文デザイン　isotope
編 集 協 力　大悠社
　　文　大悠社（大島善徳　西田哲郎）

改訂版 NEWマーク・記号の大百科 全6巻
①ことばや文化、スポーツ

2020年2月18日　第1刷発行

発行人　土屋　徹
編集人　芳賀靖彦
企画編集　澄田典子　冨山由夏
発行所　株式会社 学研プラス
　　　　〒141-8415 東京都品川区西五反田2-11-8
印刷所　凸版印刷株式会社

この本に関する各種お問い合わせ先
●本の内容については　Tel 03-6431-1617（編集部直通）
●在庫については　Tel 03-6431-1197（販売部直通）
●不良品（落丁、乱丁）については　Tel 0570-000577（学研業務センター）
　　　　〒354-0045 埼玉県入間郡三芳町上富279-1
●上記以外のお問い合わせは　Tel 03-6431-1002（学研お客様センター）

◆監修　太田幸夫（おおたゆきお）

グラフィックデザイナー。多摩美術大学教授、日本サイン学会会長、NPO法人サインセンター理事長を経て太田幸夫デザインアソシエーツ代表、一般財団法人国際ユニバーサルデザイン協議会評議員。非常口サインを世界標準の図記号にするなど、ピクトグラムデザインにおいて国の内外で活躍。
おもな著書に、『ピクトグラム［絵文字］デザイン』（柏書房）、『ピクトグラムのおはなし』（日本規格協会）、『記号学大事典』（共著／柏書房）、『サイン・コミュニケーション』（共編著／柏書房）、『世界のマーク・由来や意味が分かる343点』（監修／主婦の友社）、『マーク・記号の大百科』全6巻（監修／学研）、『決定版 まるわかり記号の大事典』（監修／くもん出版）などがある。

参 考 文 献

『ピクトグラム［絵文字］デザイン』太田幸夫／著（柏書房）
『記号学大事典』坂本百大・川野洋・磯谷孝・太田幸夫／編集（柏書房）
『マーク・記号の大百科』太田幸夫／監修（学研）
『記号の図鑑』全5巻 江川清　太田幸夫／編著（あかね書房）
『決定版 まるわかり記号の大事典』太田幸夫／監修（くもん出版）
『記号とマーク・クイズ図鑑』村越愛策／監修（あかね書房）
『記号の事典［セレクト版］第3版』江川清 青木隆 平田嘉男／編（三省堂）
『しらべ図鑑マナペディア　マークと記号』村越愛策／監修（講談社）
『世界のサインとマーク』村越愛策／監修（世界文化社）
『もっと知りたい！図鑑　マーク・記号まるごと図鑑』村越愛策　児山啓一／監修（ポプラ社）
『世界のマーク-由来や意味が分かる343点』太田幸夫／監修（主婦の友社）
『よくわかる！ 記号の図鑑』全5巻 木村浩／監修（あかね書房）
『羽生善治のみるみる強くなる 将棋入門』羽生善治／監修（池田書店）
『はじめての囲碁入門』依田紀基／著（池田書店）
『やさしく学べる三味線入門』野口啓吾／編（全音楽譜出版社）
『BASEBALL SCORE BOOK ハンディ版』（成美堂スポーツ出版）

※本書は、『NEWマーク・記号の大百科』（2016年刊）を改訂したものです。

特別堅牢製本図書

改訂版 NEW マーク・記号の大百科